Italian Spontan_ _

Livro de frases para viagem
Italiano-Português

por Jacopo Gorini
traduzido em Português por
Valeria Paparella

Aprenda o italiano com o Método Tartaruga:
diálogos, gravações de áudio e flashcards

La Gazza Edizioni

Sumário

Como usar este livro

Este livro de frases é baseado em um método de aprendizagem de línguas simples e seguro, chamado, na brincadeira com meus alunos, de "método tartaruga".

Foi batizamos assim porque é um método com um ritmo mais "lento" porém "seguro". Baseado nas teorias do professor Stephen Krashen da University of Southern California, que consiste basicamente em ouvir e repetir um input linguístico compreensível em um ambiente livre de estresse.

Este método irá levá-lo a falar italiano espontaneamente, sem pensar em gramática e sem traduzir na sua mente, especialmente por ouvir e falar, mas sem esquecer a leitura e a escrita.

Em algumas semanas, você ficará surpreso com seu progresso e com a memorização fácil de frases e palavras. Em alguns meses, quando você terminar o livro, você conhecerá perfeitamente cerca de 300 palavras italianas, alem das melhores expressões para se usar nas situações mais comuns e a conjugação dos verbos mais importantes para viajar. E acima de tudo, você terá praticado diariamente a pronúncia da língua italiana, essencial para uma conversa espontânea.

No final do livro, você encontra as instruções para baixar as gravações de áudio das aulas, necessárias para aprender as frases do livro com o método tartaruga.

Buono studio!

Jacopo Gorini

Repita os seguintes exercícios, todos os dias, durante 7 dias, com o mesmo capítulo. Por exemplo, na primeira semana, estude o capítulo "Se conhecer": segunda-feira, faça os 5 exercícios do método tartaruga; Terça-feira repete os mesmos exercícios sempre com o mesmo capítulo "Se conhecer", e assim por diante por 7 dias.

Após uma semana, passe para o segundo capítulo "Se cumprimentar", e repita por 7 dias. Continue assim até o final do livro.

Repetir os cinco exercícios seguintes todos os dias:

1. **Ouvir e ler:** leia os mini-diálogos e ouça a gravação de áudio do capítulo, ao mesmo tempo (arquivo mp3: "1 – Ascolta e Leggi"). Leia também a tradução do lado, se você precisar.

2. **Ouvir e Repetir:** ouça os mini-diálogos e os repita em voz alta, uma frase de cada vez, durante as pausas (arquivos mp3: "2 – Ascolta e Ripeti"). Se for muito difícil, durante os primeiros dias, pode ler a transcrição enquanto você escuta.

3. **Ouvir e responder:** ouça a primeira parte do diálogo e responda durante a pausa. Então, ouça a resposta correta após a pausa (arquivo mp3: "3 – Ascolta e Rispondi").

4. **Ouvir e escrever:** ouça os mini-diálogos e escreva o que você ouve (arquivo mp3: "4 – Ascolta e Scrivi"). No final, verifique o que você escreveu com as transcrições.

5. **Estude os flashcards:** corte os flashcards do capítulo. Olhe a frase em português, ou a imagem, e tente pronunciar em voz alta a tradução em italiano. Vire o cartão e verifique: se você acertou, coloque o cartão de lado e vá para o próximo cartão. Caso contrário, continue repetindo a frase várias vezes e depois coloque o cartão no fundo dos flashcards, para que você possa estudá-lo novamente.

Após 7 dias, passa para o próximo capítulo.

Todos os dias, estuda os novos flashcards e revisa os anteriores.

1.
– Ciao! Come ti chiami?
– Mi chiamo Jacopo.
Piacere.

1.
– Olá! Como você se chama?
– Meu nome é Jacopo.
Prazer.

2.
– Non capisco... Puoi ripetere, per favore?
– Certo.

2.
– Não entendo... Você pode repetir, por favor?
– Claro.

3.
– Parli italiano?
– Un poco.

3.
– Você fala italiano?
– Um pouco.

4.
– Di dove sei?
– Sono portoghese, di Lisbona.

4.
– De onde você é?
– Sou Português, de Lisboa.

5.
– Che lavoro fai?
– Sono insegnante.

5.
– Qual é o seu trabalho?
– Sou professor.

6.
– Per quanto tempo sei in Italia?
– Per tre settimane.

6.
– Por quanto tempo você vai ficar na Itália?
– Por três semanas.

7.
– Da quanto tempo sei in Italia?
– Da pochi giorni.

7.
– Há quanto tempo você esta na Itália?
– Faz alguns dias.

8.
- Ti piace Roma?
- Sì, mi piace molto.

8.
- Você gosta de Roma?
- Sim, gosto muito.

9.
- Qual è il tuo numero di telefono?
- 0123456789

9.
- Qual é o seu número de telefone?
- 0123456789

io

tu

lui

lei

falar

noi

voi

loro

Parlare
io parlo — tu parli
lui/lei parla — noi parliamo
voi parlate — loro parlano

ser

fazer

Não entendo...

Você pode repetir,
por favor?

Essere
io sono — tu sei
lui/lei è — noi siamo
voi siete — loro sono

Fare
io faccio — tu fai
lui/lei fa — noi facciamo
voi fate — loro fanno

Non capisco...

Puoi ripetere,
per favore?

10.
- Ciao! Come va?
- Bene, grazie. E tu?

10.
- Oi! Como vai?
- Tudo bem, obrigado. E você?

11.
- Ciao! Come stai?
- Così, così. E tu?

11.
- Olá! Como você está?
- Mais o menos. E você?

12.
- Buongiorno!
- Buongiorno!

12.
- Bom dia!
- Bom dia!

13.
- Buonasera!
- Buonasera!

13.
- Boa noite!
- Boa noite!

14.
- Prendiamo un caffè insieme?
- Sì, volentieri!

14.
- Vamos tomar um café juntos?
- Sim, com prazer!

15.
- Pranziamo insieme?
- No, grazie. Ho già un impegno.

15.
- Vamos almoçar juntos?
- Não, obrigado. Já tenho um compromisso.

16.
- Ceniamo insieme?
- Stasera non posso, mi dispiace. Facciamo domani?
- Va bene!

16.
- Vamos jantar juntos?
- Hoje à noite não posso, desculpe. Que tal amanhã?
- Esta bom para mim! Combinado!

17.
- A che ora ci incontriamo?
- Alle 7.

17.
- Que horas nos vemos?
- As 7h00 da manhã.

18.
- Dove ci incontriamo?
- In Piazza Duomo.

18.
- Onde nos encontramos?
- Na Piazza Duomo.

19.
- Grazie della bella serata!
- Grazie a te, ci vediamo domani.

19.
- Obrigado pela linda noite!
- Obrigado eu, até amanhã.

20.
- Arrivederci e grazie.
- Arrivederci!

20.
- Tchau e obrigado.
- Tchau!

Bom dia!

Boa noite!

ter

ir

Buongiorno!

Buonasera!

Avere
io ho — tu hai
lui/lei ha — noi abbiamo
voi avete — loro hanno

Andare
io vado — tu vai
lui/lei va — noi andiamo
voi andate — loro vanno

estar

tomar

almoçar

jantar

Stare

io sto — tu stai
lui/lei sta — noi stiamo
voi state — loro stanno

Prendere

io prendo — tu prendi
lui/lei prende — noi prendiamo
voi prendete — loro prendono

Pranzare

io pranzo — tu pranzi
lui/lei pranza — noi pranziamo
voi pranzate — loro pranzano

Cenare

io ceno — tu ceni
lui/lei cena — noi ceniamo
voi cenate — loro cenano

Al bar – No bar

21. – Buongiorno. Desidera? – Buongiorno. Un espresso, grazie.	**21.** – Bom dia. Posso ajudá-la? – Bom dia. Um café expresso, por favor.
22. – Buongiorno. Vorrei un cappuccino. – Ecco a Lei.	**22.** – Bom dia. Eu gostaria de um cappuccino. – Aqui está.
23. – Buonasera. Vorrei un tè caldo. – Con limone? – Senza limone, grazie.	**23.** – Boa noite. Gostaria de um chá quente. – Com limão? – Sem limão, obrigado.
24. – Buongiorno. Avete panini? – Sì, abbiamo panini al prosciutto, al salame e vegetariani.	**24.** – Bom dia. Vocês têm sanduíches? – Sim, temos lanches de presunto, salame e vegetariano.
25. – Vorrei una spremuta d'arancia e un cornetto alla marmellata. – Ecco a Lei.	**25.** – Eu gostaria de um suco de laranja e um croissant com geléia. – Aqui está.
26. – Vorrei un bicchiere di vino rosso. – Quale? – Un bicchiere di Chianti, grazie.	**26.** – Gostaria de um copo de vinho tinto. – Qual? – Um copo de Chianti, obrigado.

27.
- Quant'è?
- 6,50 euro.

28.
- Accettate carte di credito?
- No, mi dispiace. Accettiamo solo contanti.

29.
- Dov'è il bagno?
- In fondo a destra.

27.
- Quanto custa?
- 6,50 euros.

28.
- Aceitam cartões de crédito?
- Não, desculpe. Só aceitamos dinheiro.

29.
- Onde está o banheiro?
- No final do corredor a direita.

beber

comer

Bere
io bevo — tu bevi
lui/lei beve — noi beviamo
voi bevete — loro bevono

Mangiare
io mangio — tu mangi
lui/lei mangia — noi mangiamo
voi mangiate — loro mangiano

un caffè

un cappuccino

un tè al limone

una spremuta d'arancia

un bicchiere d'acqua

una bottiglietta
d'acqua naturale

una bustina di zucchero

una birra grande e
un vino rosso

un panino al prosciutto

una fetta di pizza

Al ristorante — No restaurante

30.
- Vorrei prenotare un
tavolo per due persone.
- A pranzo o a cena?
- A cena. Alle 8, se
possibile.

31.
- Posso avere il menù?
- Certamente. Ecco a Lei.

32.
- Cosa mi consiglia?
- Gli spaghetti allo scoglio
sono ottimi!

33.
- Avete piatti vegani?
- No, mi dispiace.

34.
- Volete ordinare?
- Sì, per me una pizza
capricciosa e una birra
media.

35.
- Cosa prende?
- Prendo pasta al ragù,
un'insalata e dell'acqua
naturale.

30.
- Gostaria de reservar uma
mesa para duas pessoas.
- No almoço ou no jantar?
- No jantar. As 8hrs, se
possível.

31.
- Posso pedir o cardápio?
- Claro. Aqui está.

32.
- O que você recomenda?
- O espaguete aos frutos
do mar é excelente!

33.
- Você tem pratos
veganos?
- Não, desculpe.

34.
- O Senhor deseja
encomendar?
- Sim, para mim uma pizza
caprichosa e um chope
médio.

35.
- O que o Senhor
escolheu?
- Para mim macarrão com
molho de carne, salada e
água natural.

36.
– Serve altro?
– Sì, vorremmo un litro di vino bianco della casa.

36.
– Mais alguma coisa?
– Sim, gostaríamos de um litro de vinho branco da casa.

37.
– Che dolci avete?
– Abbiamo tiramisù e panna cotta.

37.
–O que tem de sobremesa?
– Temos tiramisu e panna cotta.

38.
– Il conto, per favore.
– Subito!

38.
– A conta, por favor.
– Claro!

39.
– Tenga il resto.
– Grazie.

39.
– Pode ficar com o troco.
– Obrigado.

gorjeta

pagar

querer

poder

la mancia

Pagare
io pago — tu paghi
lui/lei paga — noi paghiamo
voi pagate — loro pagano

Volere
io voglio — tu vuoi
lui/lei vuole — noi vogliamo
voi volete — loro vogliono

Potere
io posso — tu puoi
lui/lei può — noi possiamo
voi potete — loro possono

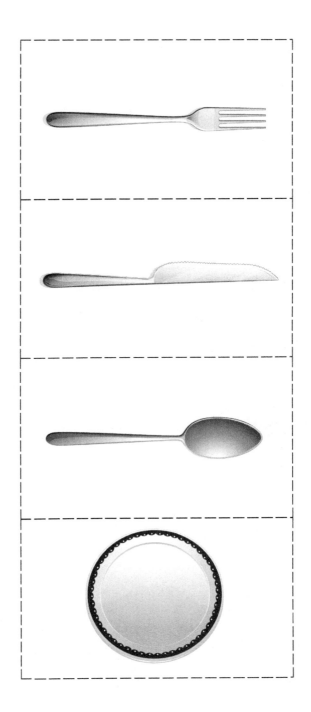

la forchetta

il coltello

il cucchiaio

il piatto

il tovagliolo

il sale e il pepe

l'olio e l'aceto

la sedia e il tavolo

40.
- Mi scusi, dov'è la stazione?
- Vai sempre dritto e al semaforo gira a destra.

40.
- Por favor, onde fica a estação de trem?
- Sempre em frente e no semáforo vire à direita.

41.
- Mi scusi, dov'è una farmacia?
- Non lo so, mi dispiace.

41.
- Por favor, onde tem uma farmácia?
- Não sei, desculpe.

42.
- Mi scusi, dov'è il teatro?
- Gira a sinistra, continua dritto fino alla piazza e sei arrivato.

42.
- Por favor, onde está o teatro?
- Vire à esquerda, sempre em frente até a praça e você chegou.

43.
- Vorrei un biglietto per lo spettacolo delle 9.
- Sono 15 euro.

43.
- Eu gostaria de uma entrada para o show das 9hrs.
- São 15 euros.

44.
- Vorrei un biglietto di sola andata per Venezia.
- Sono 30 euro. Si ricordi di timbrare il biglietto prima di salire sul treno.

44.
- Eu gostaria de uma passagem de só ida para Veneza.
- São 45 euros. Lembre-se de carimbar o bilhete antes de entrar no trem.

45.	45.
– Quanto costa un biglietto di andata e ritorno per Roma?	– Quanto custa uma passagem de ida e volta para Roma?
– 60 euro.	– 60 euros.
46.	46.
– Mi scusi, questo posto è libero?	– Com licença, esse lugar é livre?
– No, mi dispiace, è occupato.	– Não, desculpe, é ocupado.
47.	47.
– Mi scusi, che autobus va in centro?	– Por favor, qual ônibus vai para o centro da cidade?
– Il 12.	– O 41.
48.	48.
– Dove posso comprare il biglietto dell'autobus?	– Onde posso comprar um bilhete do ônibus?
– Dal tabaccaio qui di fronte.	– Na tabacaria aqui na frente.
49. (in taxi)	49. (no táxi)
– Buongiorno. Vorrei andare all'aeroporto.	– Bom dia. Eu gostaria de ir ao aeroporto.
– Va bene.	– Tudo bem.

virar

continuar

la valigia

il taxi

Girare
io giro — tu giri
lui/lei gira — noi giriamo
voi girate — loro girano

Continuare
io continuo — tu continui
lui/lei continua — noi continuiamo
voi continuate — loro continuano

voltar

comprar

segunda-feira, terça-feira,
quarta-feira, quinta-feira,
sexta-feira, sábado,
domingo

hoje

amanhã

Tornare

io torno — tu torni
lui/lei torna — noi torniamo
voi tornate — loro tornano

Comprare

io compro — tu compri
lui/lei compra — noi compriamo
voi comprate — loro comprano

lunedì, martedì,
mercoledì, giovedì,
venerdì, sabato,
domenica

oggi

domani

50.
- Buongiorno. Vorrei vedere la camicia rossa che è in vetrina.
- Certamente. Che taglia ha?
- La M.

50.
- Bom dia. Gostaria de ver a camisa vermelha que esta na vitrine.
- Claro. Qual tamanho?
- M.

51.
- Posso provare questi pantaloni verdi?
- Ma certo! I camerini sono in fondo al corridoio.

51.
- Posso experimentar essa calça verde?
- Claro! Os vestiários estão no final do corredor.

52.
- Avete una taglia più grande?
- No, mi dispiace.

52.
- Você tem um tamanho maior?
- Não, sinto muito.

53.
- Avete una taglia più piccola?
- Credo di sì. Guardo in magazzino.

53.
- Você tem um tamanho menor?
- Eu acho que sim. Vou dar uma olhada no estoque.

54.
- Vorrei una sciarpa blu.
- Mi dispiace. Abbiamo solo sciarpe gialle e arancioni.

54.
- Eu gostaria de um lenço azul.
- Desculpe. Nós só temos cachecóis amarelos e laranjas.

55.
- Quanto costa questa
borsa marrone?
- Costa 80 euro.

56.
- Mi può fare uno sconto?
- No, mi dispiace.

57.
- Serve aiuto?
- No, grazie. Do solo
un'occhiata.

55.
- Quanto custa essa bolsa
marrom?
- Custa 80 euros.

56.
- Posso lhe pedir um
desconto?
- Não, desculpe, não
concedemos descontos.

57.
- Precisa de ajuda?
- Não, obrigado. Estou só
dando uma olhada.

la camicia

la giacca

i pantaloni

la gonna

la maglietta

il vestito

il maglione

i pantaloncini

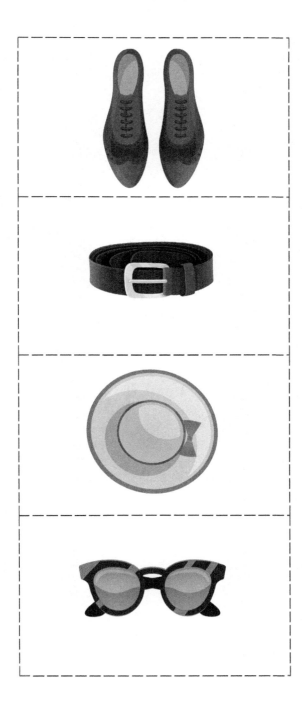

le scarpe

la cintura

il cappello

gli occhiali da sole

In albergo — No Hotel

58.
- Buonasera. Ho prenotato online una camera per stanotte.
- Controllo subito. A che nome?
- Gorini.

59.
- Vorrei una camera doppia per questo fine-settimana. È possibile?
- Mi dispiace, siamo al completo.

60.
- Mi scusi, l'aria condizionata non funziona...
- Arrivo subito!

61.
- È possibile avere un cuscino e una coperta in più?
- Certamente!

62.
- È possibile avere un altro asciugamano e della carta igienica?
- Certo. Li porto subito.

58.
- Boa noite. Reservei um quarto pela internet para esta noite.
- Vou verificar. Qual nome?
- Gorini.

59.
- Gostaria de um quarto duplo para este fim de semana. É possível?
- Desculpe, o hotel esta lotado.

60.
- Peço desculpa, o ar condicionado não esta funcionando...
- Já vou dar uma olhada!

61.
- É possível ter um travesseiro e um cobertor extra?
- Claro!

62.
- É possível ter outra toalha de banho e papel higiênico?
- Claro. Os trago imediatamente.

63.
- C'è un buon ristorante qui vicino?
- Sì, di fronte all'albergo c'è un'ottima trattoria.

63.
- Tem um bom restaurante nas proximidades?
- Sim, na frente do hotel tem um excelente restaurante.

64.
- Mi scusi, è possibile cambiare camera? Questa è troppo piccola.
- Mi dispiace. Questa è l'ultima disponibile.

64.
- Com licença, é possível mudar de quarto? Este é muito pequeno.
- Sinto muito. Este é o último disponível.

65.
- Vorrei pagare la camera. Accettate carte di credito?
- Certamente.

65.
- Eu gostaria de pagar o quarto. Vocês aceitam cartões de crédito?
- Claro.

chegar

reservar

Arrivare
io arrivo — tu arrivi
lui/lei arriva — noi arriviamo
voi arrivate — loro arrivano

Prenotare
io prenoto — tu prenoti
lui/lei prenota — noi prenotiamo
voi prenotate — loro prenotano

il letto matrimoniale

l'asciugamano

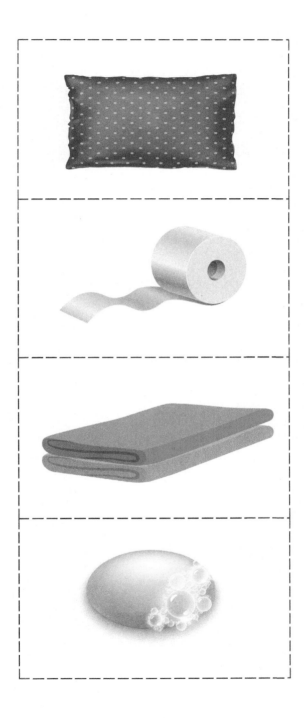

il cuscino

la carta igienica

le lenzuola

il sapone

ontem

depois de amanhã

na próxima semana

na semana passada

ieri

dopodomani

la settimana prossima

la settimana scorsa

In farmacia — Na farmácia

66.
- Buongiorno, vorrei qualcosa per il mal di testa.
- Prenda questo medicinale una volta al giorno.

66.
- Bom dia, gostaria de algo para a dor de cabeça.
- Tome este medicamento uma vez por dia.

67.
- Buonasera. Ho un forte mal di gola. Cosa posso prendere?
- Le consiglio questo sciroppo.

67.
- Boa noite. Eu tenho uma dor de garganta muito forte. O que posso tomar?
- Eu recomendo este xarope.

68.
- Ho un forte mal di denti. Vorrei un antidolorifico.
- Prenda queste pillole due volte al giorno a stomaco pieno.

68.
- Tenho uma dor de dente muito forte. Gostaria de um analgésico.
- Tome estas pílulas duas vezes ao dia depois das refeições.

69.
- Mi fa male la schiena...
- Prenda questa pomata antinfiammatoria.

69.
- As minhas costas doem ...
- Passe este creme anti-inflamatório.

70.
- Vorrei una confezione di cerotti e un disinfettante.
- Ecco a Lei.

70.
- Eu gostaria de um band-aid e um antisséptico.
- Aqui está.

71.
- Ho bisogno di questo medicinale.
- Mi dispiace. È necessaria la ricetta medica.

72.
- Credo di avere l'influenza. Cosa posso prendere?
- Prenda una bustina di questo medicinale prima di andare a dormire.

73.
- Buongiorno, sto molto male. Ho bisogno di un medico.
- Può andare al pronto soccorso in ospedale.

71.
- Preciso deste medicamento.
- Desculpe. Precisa de receita médica.

72.
- Acho que estou com gripe. O que posso tomar?
- Tome um saché deste medicamento antes de dormir.

73.
- Bom dia, estou me sentindo muito mal. Preciso de um médico.
- Acho melhor ir para ao pronto socorro do hospital.

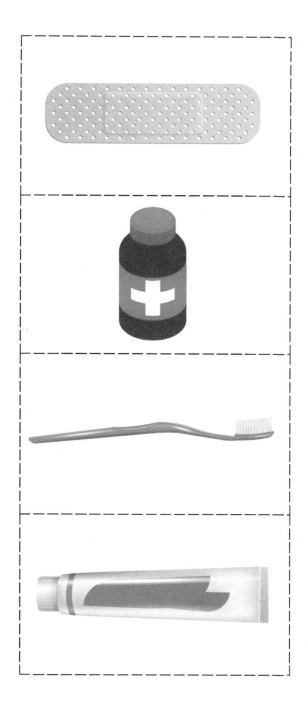

un cerotto

un disinfettante

uno spazzolino

un dentifricio

primavera

verão

outono

inverno

primavera

estate

autunno

inverno

janeiro
fevereiro
março

abril
maio
junho

julho
agosto
setembro

outubro
novembro
dezembro

gennaio
febbraio
marzo

aprile
maggio
giugno

luglio
agosto
settembre

ottobre
novembre
dicembre

L'alfabeto italiano – O alfabeto italiano

A, a   (a)

B, b   (bi)

C, c   (ci)

D, d   (di)

E, e   (e)

F, f   (effe)

G, g   (gi)

H, h   (acca)

I, i   (i)

J, j   (i lunga)

K, k   (cappa)

L, l   (elle)

M, m   (emme)

N, n   (enne)

O, o   (o)

P, p   (pi)

Q, q   (qu)

R, r   (erre)

S, s   (esse)

T, t   (ti)

U, u   (u)

V, v   (vi)

W, w   (vi doppia)

X, x   (ics)

Y, y   (ipsilon)

Z, z   (zeta)

I suoni difficili

CI – CE
CHI – CHE

GI – GE
GHI – GHE

SCI – SCE
SCHI – SCHE

GLI

GNO

www.italianospontaneo.com/alfabeto/

Parole utili – Palavras uteis

Dove? – Onde?
Cosa? Che cosa? – O quê? O que?
Come? – Como?
Quando? – Quando?
Perché? – Por quê?
Quanto? – Quanto?
Chi? – Quem?
Quale? – Qual?

io – eu
tu – tu
lui – ele
lei – ela
Lei – você
noi – nós
voi – vós
loro – eles

I colori – As cores
rosso – vermelho
giallo – amarelo
verde – verde
blu – azul
rosa – cor-de-rosa
marrone – marrom
arancione – laranja
viola – roxo
grigio – cinza
nero – preto
bianco – branco

I giorni della settimana – Dias da semana
lunedì – segunda-feira
martedì – terça-feira
mercoledì – quarta-feira
giovedì – quinta-feira
venerdì – sexta-feira
sabato – sábado
domenica – domingo

I mesi dell'anno – Meses do ano

gennaio – janeiro	luglio – julho
febbraio – fevereiro	agosto – agosto
marzo – março	settembre – setembro
aprile – abril	ottobre – outubro
maggio – maio	novembre – novembro
giugno – junho	dicembre – dezembro

Le stagioni – As estações do ano

primavera – primavera	autunno – outono
estate – verão	inverno – inverno

Il tempo – O tempo
oggi – hoje
domani – amanhã
dopodomani – depois de amanhã
ieri – ontem
ieri l'altro – anteontem
la settimana prossima – na próxima semana
la settimana scorsa – na semana passada
l'anno prossimo – o ano que vem
l'anno scorso – o ano passado

I numeri – Os números

0: zero

1: uno	30: trenta
2: due	40: quaranta
3: tre	50: cinquanta
4: quattro	60: sessanta
5: cinque	70: settanta
6: sei	80: ottanta
7: sette	90: novanta
8: otto	100: cento
9: nove	150: centocinquanta
10: dieci	200: duecento
11: undici	300: trecento
12: dodici	1'000: mille
13: tredici	2'000: duemila
14: quattordici	3'000: tremila
15: quindici	10'000: diecimila
16: sedici	100'000: centomila
17: diciassette	1'000'000: un milione
18: diciotto	2'000'000: due milioni
19: diciannove	
20: venti	+ più
21: ventuno	– meno
22: ventidue	: diviso
23: ventitré	x per
24: ventiquattro	= uguale a
25: venticinque	
26: ventisei	, virgola
27: ventisette	
28: ventotto	
29: ventinove	

Dizionario — Dicionário

Italiano – Portoghese

accettare: aceitar
aceto: vinagre
acqua frizzante: água com gás
acqua naturale: água natural ou sem gás
aereo: avião
aeroporto: aeroporto
andare: ir
andata e ritorno: ida e volta
antidolorifico: analgésico
antinfiammatorio: anti-inflamatória
arancia: laranja
arrivare: chegar
arrivederci: até logo
asciugamano: toalha
avere: ter
bello: lindo
bere: beber
bicchiere: copo
biglietto: bilhete
birra: cerveja
borsa: bolsa
bottiglietta: garrafinha
buonasera: boa tarde/boa noite
buongiorno: bom dia
bustina di zucchero: sachet de açúcar

Português – Italiano

aceitar: accettare
açúcar: zucchero
aeroporto: aeroporto
água com gás: acqua frizzante
água natural ou sem gás: acqua naturale
almoçar: pranzare
almoço: pranzo
amanhã: domani
analgésico: antidolorifico
antes: prima
anti-inflamatória: antinfiammatorio
aquele: quello
até logo: arrivederci
avião: aereo
azeite de oliva: olio d'oliva
beber: bere
bilhete: biglietto
blusa: maglione
boa tarde/boa noite: buonasera
bolsa: borsa
bom dia: buongiorno
cadeira: sedia
café: caffè
calças: pantaloni
cama de casal: letto matrimoniale

caffè: café
cambiare: trocar
camera: quarto
camerino: vestuário
camicia: camisa
capisco: entendo
cappello: chapéu
cappuccino: cappuccino
carta di credito: cartão de crédito
carta igienica: papel higiênico
cena: o jantar
cenare: jantar
cerotto: curativo
certamente: certamente
certo: com certeza
cintura: cinto
coltello: faca
comprare: comprar
confezione: pacote
cono gelato: casquinha de sorvete
consigliare: recomendar
contanti: em dinheiro
continuare: continuar
conto: conta
controllare: verificar
coperta: manta ou cobertor
cornetto: croissant
corridoio: corredor
costare: custar
cucchiaino: colher de chá
cucchiaio: colher

camisa: camicia
camiseta: maglietta
cansado: stanco
cappuccino: cappuccino
carimbar: timbrare
cartão de crédito: carta di credito
casaco ou jaqueta: giacca
casquinha de sorvete: cono gelato
certamente: certamente
cerveja: birra
chá: tè
chapéu: cappello
chegar: arrivare
cinto: cintura
colher de chá: cucchiaino
colher: cucchiaio
com certeza: certo
com gás: frizzante
comer: mangiare
comprar: comprare
compromisso: impegno
conta: conto
continuar: continuare
copo: bicchiere
corredor: corridoio
croissant: cornetto
curativo: cerotto
custar: costare
virar: girare
de costa: schiena
demais: troppo
depois: dopo

cuscino: travesseiro
dentifricio: pasta de dente
destra: direito
disinfettante: desinfetante
dolce: doce/sobremesa
domani: amanhã
dopo: depois
dritto: reto
e: e
espresso: expresso
essere: ser
fare: fazer
farmacia: farmácia
fermarsi: parar
fine-settimana: fim de semana
forchetta: garfo
frizzante: com gás
frutta: fruta
gelato: sorvete
giacca: casaco ou jaqueta
giorno: dia
girare: virar
gonna: saia
grande: grande
grazie: obrigado
guardare: olhar
impegno: compromisso
incontrare: encontrar-se
influenza: gripe
insalata: salada
insieme: juntos
lattina: lata
lavoro: trabalho

desconto: sconto
desinfetante: disinfettante
dia: giorno
direito: destra
doce/sobremesa: dolce
docinho: pasticcino
dor de cabeça: mal di testa
dor de dente: mal di denti
dor de garganta: mal di gola
e: e
em dinheiro: contanti
encomendar: ordinare
encontrar-se: incontrare
entendo: capisco
escova de dentes: spazzolino
espetáculo: spettacolo
esquerda: sinistra
esta manhã: stamattina
estação: stazione
estar: stare
este: questo
estômago: stomaco
expresso: espresso
faca: coltello
falar: parlare
farmácia: farmacia
fazer: fare
fim de semana: fine-settimana
fruta: frutta
garfo: forchetta
garrafinha: bottiglietta
geléia: marmellata
gorjeta: mancia

lenzuola: lençol
letto matrimoniale: cama de casal
libero: livre
limone: limão
litro: litro
maglietta: camiseta
maglione: blusa
mal di denti: dor de dente
mal di gola: dor de garganta
mal di testa: dor de cabeça
male: ruim
mancia: gorjeta
mangiare: comer
marmellata: geléia
medicinale: remédio
medico: médico
mezzo: meio ou metade
no: não
nome: nome
numero: número
occhiali da sole: óculos de sol
occhiata: olhada
occupato: ocupado
oggi: hoje
olio d'oliva: azeite de oliva
ordinare: encomendar
pagare: pagar
panino: sanduíche ou lanche
pantaloncini: shorts
pantaloni: calças
parlare: falar
passaporto: passaporte
pasticcino: docinho

grande: grande
gripe: influenza
guardanapo: tovagliolo
hoje à noite: stanotte
hoje à noite: stasera
hoje: oggi
ida e volta: andata e ritorno
imediatamente ou agora: subito
ir: andare
jantar: cenare
juntos: insieme
laranja: arancia
lata: lattina
lembrar: ricordare
lenço ou xale: sciarpa
lençol: lenzuola
limão: limone
lindo: bello
litro: litro
livre: libero
lotado: pieno
lugar: posto
mala: valigia
manta ou cobertor: coperta
médico: medico
meio ou metade: mezzo
mesa: tavolo
molho de carne: ragù
não: no
noitada: serata
nome: nome
número: numero
o jantar: cena

pepe: pimenta do reino
per favore: por favor
persona: pessoa
piacere: prazer
piattino: pratinho
piatto: prato
piazza: praça
piccolo: pequeno
pieno: lotado
pillola: pílula
pizza: pizza
poco: pouco
pomata: pomada
posto: lugar
potere: poder
pranzare: almoçar
pranzo: almoço
prendere: tomar
prenotare: reservar
prima: antes
pronto soccorso: primeiros socorros
prosciutto: presunto
provare: tentar
quello: aquele
questo: este
raffreddore: resfriado
ragù: molho de carne
resto: troco
ricordare: lembrar
ripetere: repetir
ristorante: restaurante
salame: salame
sale: sal

obrigado: grazie
óculos de sol: occhiali da sole
ocupado: occupato
olhada: occhiata
olhar: guardare
pacote: confezione
pagar: pagare
papel higiênico: carta igienica
parar: fermarsi
passaporte: passaporto
pasta de dente: dentifricio
pequeno: piccolo
pessoa: persona
pílula: pillola
pimenta do reino: pepe
pizza: pizza
poder: potere
pomada: pomata
por favor: per favore
pouco: poco
praça: piazza
pratinho: piattino
prato: piatto
prazer: piacere
presunto: prosciutto
primeiros socorros: pronto soccorso
quarto: camera
querer: volere
recomendar: consigliare
remédio: medicinale
repetir: ripetere
reservar: prenotare

salire: subir
sapone: sabão
scarpe: sapatos
schiena: de costa
sciarpa: lenço ou xale
sciroppo: xarope
sconto: desconto
sedia: cadeira
semaforo: semáforo ou farol
sempre: sempre
senza: sem
serata: noitada
settimana: semana
sì: sim
sinistra: esquerda
sola andata: so ida
spazzolino: escova de dentes
spettacolo: espetáculo
spremuta: suco
stamattina: esta manhã
stanco: cansado
stanotte: hoje à noite
stare: estar
stasera: hoje à noite
stazione: estação
stomaco: estômago
subito: imediatamente ou agora
tabaccaio: tabacaria
taglia: tamanho
tavolo: mesa
tazza: xícara
tazzina: xícara de café
tè: chá

resfriado: raffreddore
restaurante: ristorante
reto: dritto
ruim: male
sabão: sapone
sachet de açúcar: bustina di zucchero
saia: gonna
sal: sale
salada: insalata
salame: salame
sanduíche ou lanche: panino
sapatos: scarpe
sem: senza
semáforo ou farol: semaforo
semana: settimana
sempre: sempre
ser: essere
shorts: pantaloncini
sim: sì
so ida: sola andata
sorvete: gelato
subir: salire
suco: spremuta
tabacaria: tabaccaio
taberna: trattoria
tamanho: taglia
teatro: teatro
telefone: telefono
tempo: tempo
tentar: provare
ter: avere
toalha: asciugamano
tomar: prendere

teatro: teatro
telefono: telefone
tempo: tempo
timbrare: carimbar
tornare: voltar
tosse: tosse
tovagliolo: guardanapo
trattoria: taberna
treno: trem
troppo: demais
ultimo: ultimo ou passado
valigia: mala
vegano: vegan
vegetariano: vegetariano
vestito: vestido
vetrina: vitrina
vino: vinho
volere: querer
vuoto: vazio
zucchero: açúcar

tosse: tosse
trabalho: lavoro
travesseiro: cuscino
trem: treno
trocar: cambiare
troco: resto
ultimo ou passado: ultimo
vazio: vuoto
vegan: vegano
vegetariano: vegetariano
verificar: controllare
vestido: vestito
vestuário: camerino
vinagre: aceto
vinho: vino
vitrina: vetrina
voltar: tornare
xarope: sciroppo
xícara de café: tazzina
xícara: tazza

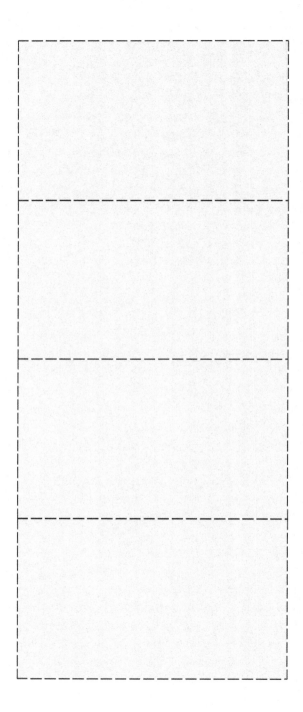

Gravações de áudio

Baixe aqui os arquivos áudio das aulas e os flashcards:

www.italianospontaneo.com/frasario-portoghese/

Printed in Great Britain
by Amazon

78877293R00051